COMPRENDRE VOTRE
esprit et votre corps

L'asthme

Sarah Harvey

Explorez d'autres livres sur:
WWW.ENGAGEBOOKS.COM

VANCOUVER, B.C.

e → WWW.ENGAGEBOOKS.COM

Ce livre n'est pas destiné à remplacer les conseils d'un professionnel de la santé ou de la psychologie ou à être un outil pour le diagnostic. C'est un outil éducatif pour aider les enfants à comprendre ce qu'eux-même ou d'autres personnes dans leur vie vivent.

PREMIÈRE ÉDITION / PREMIER TIRAGE

CATALOGAGE AVANT PUBLICATION DE BIBLIOTHÈQUE ET ARCHIVES CANADA

Titre: L'asthme / Sarah Harvey.
Autres titres: Asthma. Français
Noms: Harvey, Sarah N., 1950- auteur.
Description: Mention de collection: Comprendre votre esprit et votre corps | Traduction de : Asthma.

Identifiants: Canadiana (livre imprimé) 20240378652 | Canadiana (livre numérique) 20240378660 |
ISBN 978-1-77878-364-7 (couverture rigide)
ISBN 978-1-77878-365-4 (couverture souple)
ISBN 978-1-77878-367-8 (pdf)
ISBN 978-1-77878-366-1 (epub)

Vedettes-matière:
RVM: Asthme chez l'enfant—Ouvrages pour la jeunesse.
RVM: Asthme—Traitement—Ouvrages pour la jeunesse.
RVM: Asthme—Ouvrages pour la jeunesse.
RVMGF: Livres documentaires pour la jeunesse.

Classification: LCC RJ436.A8 H3714 2024 | CDD J618.92/238—DC23

Ce projet a été rendu possible en partie grâce au gouvernement du Canada.

Canadă

Contenu

Qu'est-ce que l'asthme ?

L'asthme est une maladie qui rend la respiration difficile. Lorsque les gens souffrent d'asthme, leurs voies respiratoires peuvent grossir ou se resserrer. Les voies respiratoires sont la façon dont l'air entre et sort des **poumons**. Une grande quantité de liquide épais appelé mucus est créé dans les poumons lorsqu'une personne souffre d'asthme.

MOT-CLÉ

Les poumons: parties de votre corps qui ont la forme de sacs et sont utilisées pour respirer.

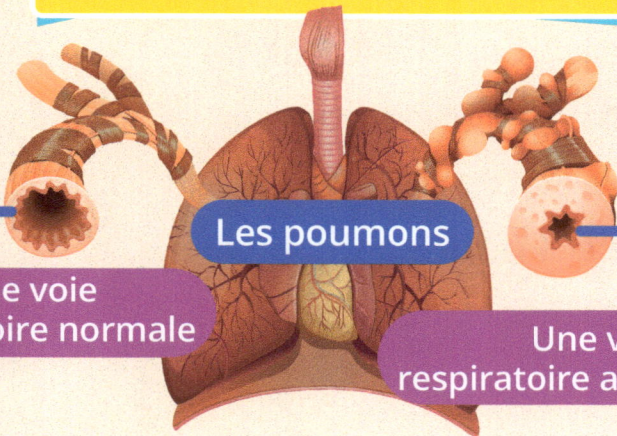

Une voie respiratoire normale

Les poumons

Une voie respiratoire asthmatique

L'asthme est une maladie **chronique** très commune. Les gens ne peuvent pas l'attraper comme un rhume. La plupart des cas d'asthme infantile commencent avant l'âge de cinq ans. L'asthme chez l'adulte peut commencer n'importe quand.

MOT-CLÉ

Chronique : quelque chose qui dure longtemps.

Souvent, les personnes âgées ne savent pas qu'elles souffrent d'asthme et ne reçoivent donc pas d'aide.

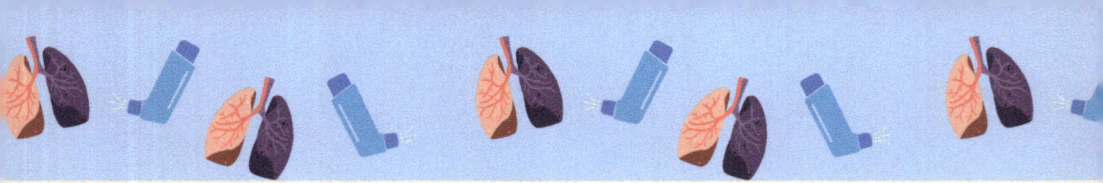

Qu'est-ce qui cause l'asthme?

Il n'y a pas de raison simple pour laquelle certaines personnes souffrent d'asthme. Il peut être transmis d'un parent à son enfant. Un enfant est trois fois plus susceptible que l'enfant moyen d'avoir de l'asthme si sa mère est asthmatique.

L'asthme peut également être causé par des déclencheurs. Les déclencheurs sont des choses qui dérangent les voies respiratoires des gens. Différentes personnes ont des déclencheurs différents. Certains déclencheurs courants sont les poils d'animaux, la pollution de l'air, **le pollen**, l'air froid et la fumée.

MOT-CLÉ

Le pollen : fine poudre fabriquée par certaines plantes.

Attraper un rhume ou la grippe peut également déclencher de l'asthme.

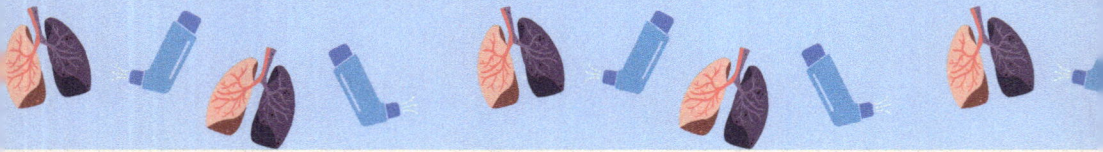

Comment l'asthme affecte-t-il votre corps?

L'asthme affecte le corps des gens de différentes manières. Les **symptômes** courants sont l'essoufflement, la toux et la respiration sifflante. Une oppression thoracique ou des douleurs sont également probables.

MOT-CLÉ

Symptômes : quelque chose ressenti dans le corps qui est un signe de maladie.

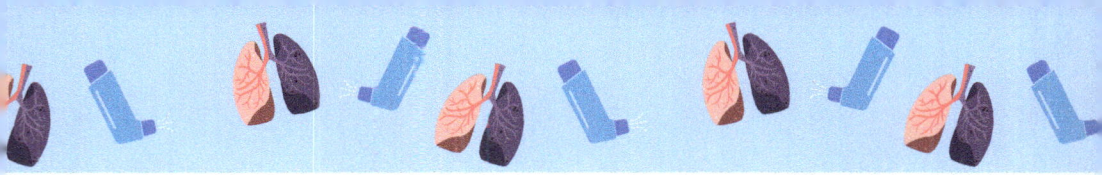

Certaines personnes ont ces symptômes tout le temps. D'autres ont seulement des symptômes de temps en temps. Les symptômes de l'asthme peuvent apparaître rapidement. C'est ce qu'on appelle une crise ou un épisode d'asthme.

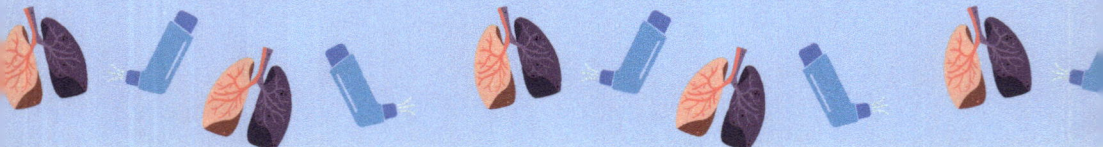

Comment l'asthme affecte-t-il votre esprit?

Les symptômes de l'asthme peuvent être effrayants, surtout la première fois qu'ils surviennent. Lorsqu'une personne a l'impression de ne pas pouvoir respirer, elle peut avoir peur. Les personnes asthmatiques peuvent craindre que quelque chose va déclencher leur crise d'asthme. Cela peut entraîner de **l'anxiété**.

MOT-CLÉ

Anxiété : sentiments d'inquiétude et de peur difficiles à contrôler.

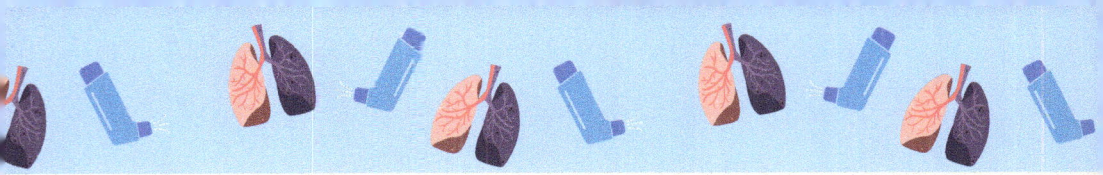

Les personnes asthmatiques doivent éviter certains déclencheurs. Cela peut limiter ce qu'elles peuvent faire. Elles pourraient ne pas être en mesure de faire certaines activités. Elles pourraient ne pas être en mesure de passer du temps avec leurs amis aussi souvent qu'elles le voudraient. Cela peut provoquer une maladie mentale comme **la dépression**.

MOT-CLÉ

La dépression : forts sentiments de tristesse et de manque d'espoir.

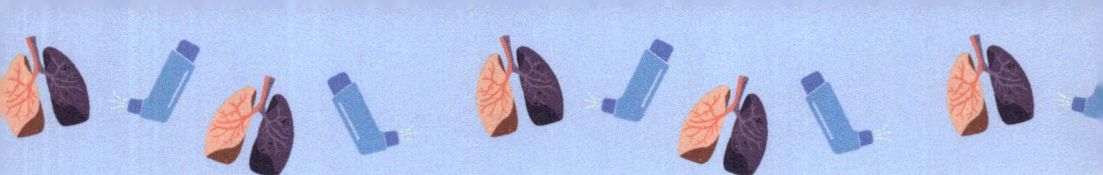

L'asthme disparaît-il ?

Les enfants asthmatiques peuvent avoir moins de symptômes quand qu'ils vieillissent. Cela ne signifie pas que leur asthme a disparu pour toujours.
Il n'y a pas encore de remède contre l'asthme.

Environ un tiers des enfants asthmatiques auront des symptômes à l'âge adulte.

L'asthme est une maladie qui dure toute la vie. Avec l'aide de médecins et de médicaments, les personnes asthmatiques peuvent entrer en **rémission**. Les personnes qui commencent à avoir de l'asthme plus tard dans la vie sont moins susceptibles d'entrer en rémission.

MOT-CLÉ

Rémission : période pendant laquelle les signes d'une maladie disparaissent.

13

Comment traite-t-on l'asthme?

L'asthme est **traité** de différentes manières. Certaines personnes reçoivent des pilules. La plupart utilisent des inhalateurs. Le médicament contenu dans un inhalateur ouvre les voies respiratoires pour que les personnes souffrant d'asthme puissent mieux respirer.

MOT-CLÉ

Traité : recevoir des soins médicaux.

Il existe deux types d'inhalateurs. Un inhalateur est utilisé si vous avez besoin d'un soulagement rapide après un mauvais épisode d'asthme. Un autre type d'inhalateur est utilisé tous les jours pour contrôler les symptômes. Beaucoup de gens utilisent les deux types d'inhalateurs. Les inhalateurs à soulagement rapide sont souvent bleus.

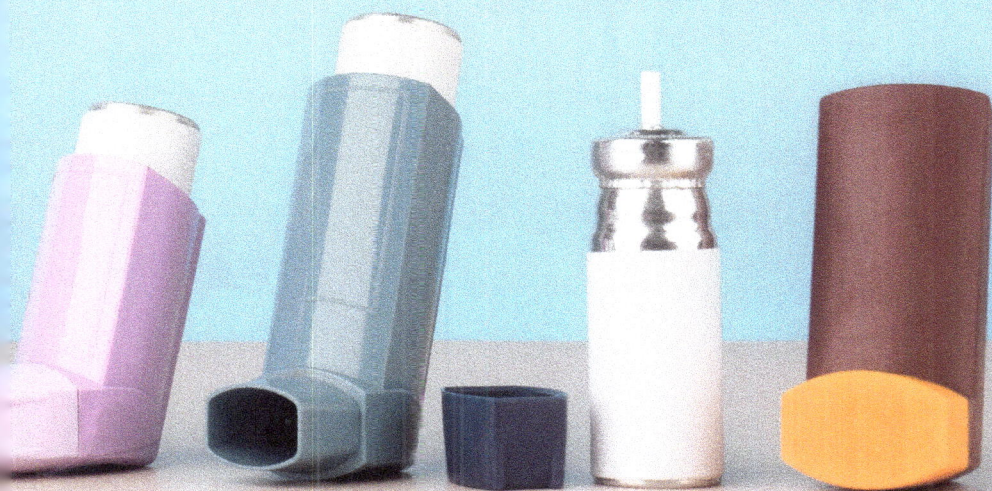

Demander de l'aide

Si vous pensez que vous pouvez être asthmatique, demandez à un adulte de vous trouver un médecin. Obtenir de l'aide à temps est très important lorsque vous avez une crise d'asthme. Voici quelques amorces de conversation.

« Je ne peux pas respirer maintenant. Pouvez-vous me donner mon inhalateur ?

« J'ai de l'asthme. La fumée est mon déclencheur. Peux-tu m'emmener ailleurs ? »

« J'ai peur de faire une crise d'asthme. Pouvez-vous trouver de l'aide ? »

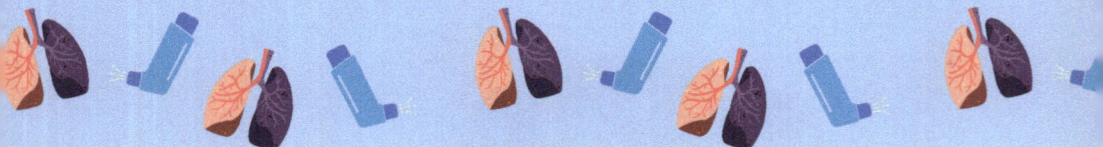

Comment aider les autres souffrant d'asthme

Si quelqu'un que vous connaissez a un épisode d'asthme, il est important de l'aider immédiatement. Voici quelques façons d'offrir de l'aide.

Trouver leur inhalateur

Si quelqu'un que vous connaissez a un épisode d'asthme, demandez-lui où se trouve son inhalateur. Aidez-les à le trouver et à l'utiliser.

Éloignez-les des déclencheurs

Si vous savez ce qui a déclenché son asthme, éloignez-le le plus possible du déclencheur en toute sécurité.

Restez calme

Essayez de les aider à rester calmes. La panique aggrave l'asthme. Asseyez-les debout. La position allongée rend la respiration plus difficile. Trouvez un adulte pour vous aider si nécessaire.

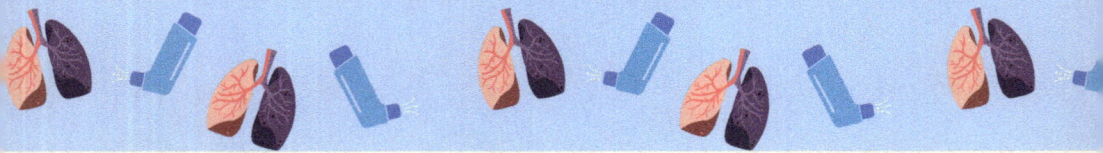

L'histoire de l'asthme

Hippocrate était un médecin grec qui a vécu il y a plus de 2 000 ans. Il a été la première personne à établir un lien entre les problèmes respiratoires et les déclencheurs. Le mot « asthme » vient du grec et signifie essoufflement.

Un scientifique nommé Irving Porush a créé l'inhalateur moderne. Il a été mis en vente en 1957. Depuis lors, il a changé la vie des gens.

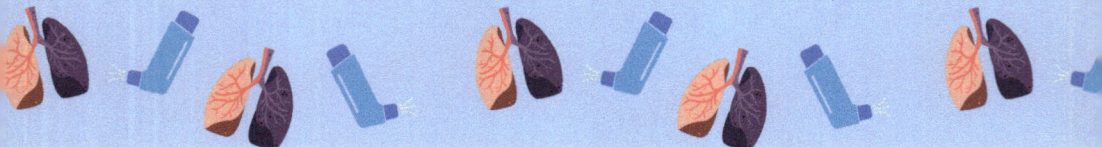

Super-héros de l'asthme

Certaines personnes choisissent de parler ouvertement de leur asthme. D'autres ne le font pas. Chacun doit trouver ce qui fonctionne pour lui. Voici quelques super-héros de l'asthme qui sont heureux de partager leurs expériences.

La chanteuse **Pink** souffre d'asthme depuis l'âge de deux ans. Cela ne l'a pas empêchée de monter des spectacles passionnants. Elle n'a pas souvent besoin d'un inhalateur. Son asthme a été déclenché lorsqu'elle a eu le COVID-19.

Jérôme Bettis a joué au football pendant 13 ans. Il prenait des médicaments pour son asthme avant chaque match. Il est la preuve vivante que l'asthme n'a pas besoin d'empêcher quelqu'un d'être un athlète de haut niveau.

L'actrice **Priyanka Chopra Jonas** sait ce que c'est que d'avoir de l'asthme. Elle travaille maintenant avec une société pharmaceutique indienne pour sensibiliser les gens à la façon dont l'asthme affecte la vie des gens.

Astuce 1 pour l'asthme : Remarquez vos déclencheurs

Sachez quand vous avez des symptômes d'asthme. Remarquez ce qui pourrait déclencher les symptômes à ces moments-là. Cela peut être quelque chose dans l'air ou quelque chose que vous mangez. Cela peut aussi être quelque chose que vous faites, comme faire de l'exercice.

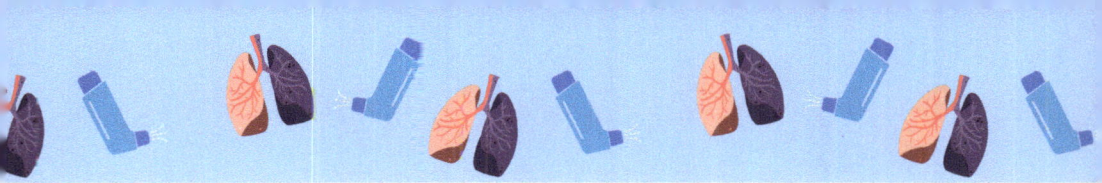

Lorsque vous connaissez vos déclencheurs, faites de votre mieux pour les éviter. Dites à vos parents, à vos amis et aux autres adultes de votre vie quels sont vos déclencheurs. Demandez-leur d'enlever les déclencheurs ou de vous éloigner des déclencheurs.

Astuce 2 pour l'asthme : Création d'un plan d'action contre l'asthme

Votre médecin peut vous demander de préparer un plan d'action contre l'asthme. Il vous indique, à vous et à d'autres personnes, ce qu'il faut faire lorsque vous présentez des symptômes d'asthme ou lorsque vous avez un épisode d'asthme. C'est une bonne chose à emporter avec vous en tout temps.

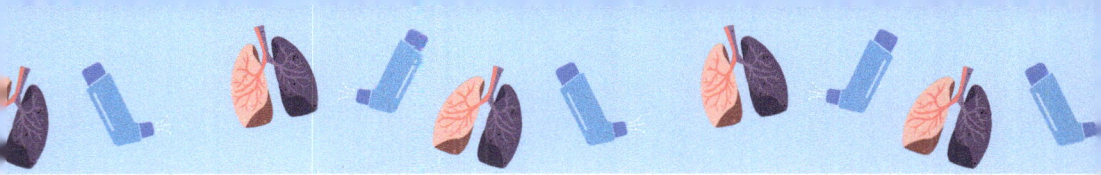

Tu peux demander à un adulte de trouver un exemple en ligne et de t'aider à faire un plan. Votre plan devrait inclure ceux-ci :

1. Votre nom et le nom de votre médecin

2. Qui appeler si votre asthme est vraiment grave

3. Les inhalateurs que vous utilisez et comment et quand les utiliser

4. Une liste de choses qui déclenchent votre asthme

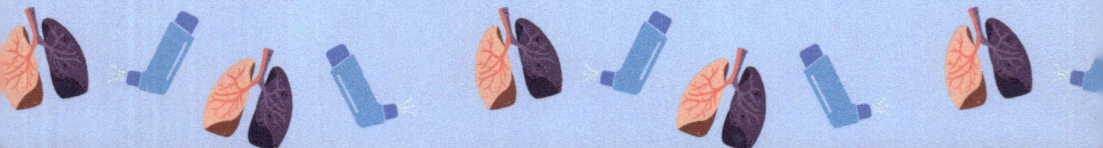

Astuce 3 pour l'asthme : prendre soin de soi

L'asthme peut vous fatiguer ou vous inquiéter. Vous voudrez peut-être être seul ou vous voudrez peut-être être avec d'autres personnes. C'est vous qui décidez. Essayez de faire quelque chose qui vous fait vous sentir mieux.

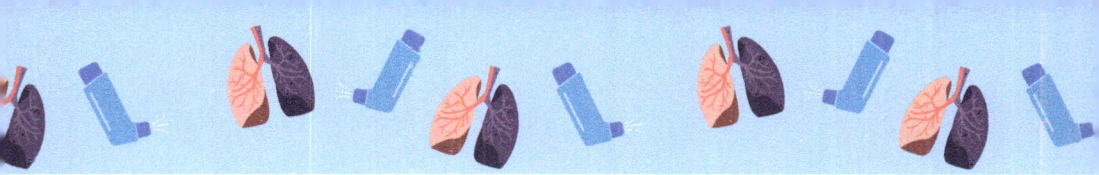

Certains exercices aideront également votre asthme. Marcher dans la nature, faire du yoga ou nager sont de bonnes options. Assurez-vous d'éviter les exercices qui pourraient déclencher votre asthme.

Quiz

Testez vos connaissances sur l'asthme en répondant aux questions suivantes. Les questions sont basées sur ce que vous avez lu dans ce livre. Les réponses se trouvent au bas de la page suivante.

1 Qu'est-ce que l'asthme ?

2 Quels sont les déclencheurs courants ?

3 Les symptômes de l'asthme peuvent-ils apparaître rapidement ?

4 Que fait le médicament contenu dans un inhalateur ?

5 Qu'est-ce que la rémission ?

6 Qui a créé l'inhalateur moderne ?

Découvrez d'autres lecteurs de niveau 3.

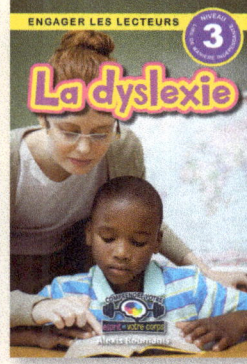

Visite www.engagebooks.com/readers

Les réponses:
Une condition qui rend la respiration difficile 2. Poils d'animaux, pollution de l'air, pollen, air froid et fumée 3. Oui 4. Il ouvre les voies respiratoires 5. Une période de temps où les signes d'une maladie disparaissent 6. Un scientifique nommé Irving Porush

www.ingramcontent.com/pod-product-compliance
Lightning Source LLC
Chambersburg PA
CBHW051237020426
42331CB00016B/3419